Carl Ferdinand Wilhelm Walther

Warum Hangen Wir So Fest An Der Lutherischen Kirche?

Dritte Auflage

Carl Ferdinand Wilhelm Walther

Warum Hangen Wir So Fest An Der Lutherischen Kirche?
Dritte Auflage

ISBN/EAN: 9783337156411

Printed in Europe, USA, Canada, Australia, Japan

Cover: Foto ©Lupo / pixelio.de

More available books at **www.hansebooks.com**

Warum hangen wir so fest an der lutherischen Kirche?

Beantwortet

von

C. F. W. Walther,
Prof. der Theol. in St. Louis, Mo.

Dritte Auflage.

Dresden.
Justus Naumann's Buchhandlung.
(Heinrich Naumann.)

St. Louis, Mo.
M. C. Barthel.

Zum richtigen Verständniß der vorliegenden Schrift wird es nöthig sein, daß wir vorerst sagen, was wir unter der lutherischen Kirche verstehen. Unter lutherischer Kirche meinen wir nämlich nicht etwa alle diejenigen, welche den Namen lutherisch tragen, sondern allein diejenigen, welche je und je geglaubt und bekannt haben und welche jetzt glauben und bekennen, daß Luther's Lehre die reine Lehre des göttlichen Wortes ist und daß diese Lehre in der ungeänderten Augsburgischen Confession, in deren Apologie, in den Schmalkaldischen Artikeln, in dem großen und kleinen Katechismus Dr. Luther's und in der Concordienformel in einem kurzen Auszuge rein und lauter enthalten ist. Leute, die dies nicht glauben und bekennen, halten wir so wenig für Lutheraner, so wenig wir die für Christen halten, die nicht glauben und bekennen, daß die Lehre Christi Gottes Wort und in der Bibel enthalten ist. Leute, die sich zwar Lutheraner nennen, aber Luther's Lehre und jene öffentlichen Bekenntnisse nicht für wahr halten, sehen wir im Gegentheil für die gefährlichsten Feinde der lutherischen Kirche an, die sich mitten in dem Lande dieser Kirche niedergelassen haben, um dieselbe, mit Wissen oder ohne es zu wissen und zu wollen, zu verrathen und zu zerstören.

So gehen wir denn nun zur Beantwortung der Frage über: **Warum hangen wir so fest an der lutherischen Kirche und warum gedenken wir, allein dieser Kirche auch in Zukunft zu dienen?**

Unser erster Grund ist: weil die lutherische Kirche sich in ihrer Lehre so genau nach dem Worte Gottes richtet, weder etwas dazu, noch davon thut, weder um der menschlichen Vernunft, noch um des menschlichen Herzens willen von der heiligen Schrift in irgend einem Punkte abgeht oder dieselbe umdeutet, weder von neuen Offenbarungen, noch von alten Ueberlieferungen, als wäre es auch Gottes Wort, neben und außer der Schrift etwas wissen will und die Schrift wieder aus der Schrift auslegt und erklärt. Wenn es sich darum handelt, was Gottes Wort, Gebot und Stiftung sei, da fragt die lutherische Kirche immer, nach dem Vorbild ihres himmlischen, göttlichen, einigen HErrn und Meisters JEsu Christi: Wie stehet geschrieben? Was sie nun in der Schrift geschrieben und als von Gott geboten und gestiftet findet, das nimmt sie an, die menschliche Vernunft und Weisheit mag dazu sagen, was sie will, das menschliche Herz mag sich dagegen sträuben oder nicht, die Sache mag in der Christenheit fast allgemein angenommen oder fast allgemein verworfen, und klar an vielen, oder an wenigen, oder nur an Einer Stelle der Schrift enthalten sein. Diese unbedingte Unterwerfung unter Gottes Wort, dieses unbestechliche Festhalten an demselben und dieser treue Gehorsam gegen dasselbe findet sich in keiner andern Gemeinschaft von getauften Christen. Die römische Secte oder die Papstkirche giebt zwar auch vor, daß sie das geschriebene Wort Gottes annehme, aber sie thut dies nur zum Schein, denn sie erweist sich als die ärgste, bitterste Feindin des geschriebenen Wortes Gottes. Sie verbietet sogar ihren Gliedern, es zu lesen und zu verbreiten, und verfolgt und tödtet selbst, wo sie kann, die, welche dies thun. Sie erklärt ohne Hehl, daß die sogenannten Ueberlieferungen über das, was die Bibel nicht enthalte, dem geschriebenen Worte Gottes völlig gleich zu achten und zu verehren seien; in Gebrauch und Uebung aber stellt sie die menschlichen Ueberlieferungen weit über das geschriebene Wort Gottes, indem sie dasselbe nach ihren Ueberlieferungen deutet, verändert und corrigirt. Sie legt die Schrift nicht nach der Schrift aus, sondern giebt vor, die Schrift müsse so ausgelegt und verstanden werden, wie die Kirche dies thue aus besonderer Erleuchtung des heiligen Geistes; unter der Kirche aber versteht sie die Kirchenprälaten, die Bischöfe, ja endlich allein den Papst. Daher verleugnet, verwirft und verdammt denn die römische Secte die meisten Lehren der heiligen Schrift und hat sich selbst eine Menge neuer Lehren gemacht, von denen kein Buchstabe in der Schrift zu finden ist, und während sie die meisten Gebote und Stiftungen Gottes, die in der Schrift enthalten sind, aufhebt, verändert und verfälscht, hat sie eine große Menge neue Gebote und Stiftungen selbst gemacht, die sie nun für Gottes Gebote und Stiftungen aus= giebt. Wenn sich die römische Secte in Ländern befindet, wo auch andere Christen wohnen, da kann sie freilich das Bibelverbot nicht durchsetzen; da stellt sie sich daher, als ob sie die Bibel keineswegs verbiete, und hilft sich damit, daß sie das Lesen solcher Bibeln manchen ihrer Glieder gestattet, die mit allerlei papistischen Er= klärungen versehen sind, welche freilich nichts sind, als gottlose Verdrehungen und Verfälschungen. Wo hingegen die papistische Kirche die Macht hat und sich vor anderen Christen nicht fürchten zu müssen glaubt, da geht sie mit ihrer lästerlichen Sprache wider die Bibel frei heraus. Um nur ein Beispiel hierzu anzuführen, so kamen im Jahre 1553 auf Befehl des Papstes Julius III. eine Anzahl Bischöfe in Bononien zusammen, um sich darüber zu be= rathen, wie der Schade wieder geheilt werden könne, welcher der römischen Secte durch die lutherische Reformation zugefügt worden sei. Hier setzten denn jene Bischöfe eine Schrift auf, in welcher sie dem Papste allerlei Rathschläge ertheilten, wie der Sache zu helfen sein möchte. In dieser Schrift heißt es zuletzt: „Endlich — und dies haben wir unter allen Rathschlägen, die wir zu dieser Zeit geben können, als den allerwichtigsten bis zuletzt aufgehoben — endlich sind hier die Augen aufzuthun und mit allen Kräften darnach zu trachten, daß in den Städten, welche unter deiner Botmäßigkeit und Gewalt sind, so wenig als möglich vom Evangelium (namentlich in der Landessprache) gelesen werde und daß man sich mit jenem Wenigen begnügen lasse, was bei der Messe gelesen zu werden pflegt, und daß keinem Sterblichen mehr als dies zu lesen erlaubt sei. Denn so lange die Menschen mit jenem Wenigen zufrieden gewesen sind, so lange ist es mit deinen Sachen nach Wunsch gegangen, und es fing an damit in das Gegentheil auszuschlagen, so bald das Volk mehr zu lesen sich gewöhnte. In Summa, das ist jenes Buch, welches außer den übrigen uns diese Ungewitter und Stürme erregt hat, durch die wir beinahe mit fortgerissen worden sind. Und wahrlich, wenn jemand über dasselbe mit Fleiß nachdenkt, und sodann alles das, was in unseren Kirchen zu geschehen pflegt, einzeln nach der Reihe erwägt, so wird er sehen, daß beides auf's höchste von einander abgehe und daß diese unsere Lehre von jener durchaus verschieden und oft auch derselben entgegen ist. So bald dies nun die Leute merken, so hören sie, von einem Gelehrten aus unseren Gegnern aufgestachelt, nicht eher auf zu schreien, als bis sie die Sache allgemein bekannt und uns bei jedermann verhaßt gemacht haben. Darum müssen jene wenigen Blätter verborgen gehalten werden, jedoch mit Anwendung einer gewissen Vorsicht und Sorgfältigkeit, damit diese Sache uns nicht größeren Lärmen und Unruhen erwecke"*). Hiernach ist es nun freilich sonnenklar, die römische Secte kann alles eher, als biblisch sein; sie ist nicht gebaut auf den Grund der Apostel und Propheten, da JEsus Christus der Eckstein ist, sondern auf Menschenwort. Jene unbedingte Unterwerfung unter Gottes Wort, die sich in der lutherischen Kirche findet, findet sich aber nicht nur in der Papstkirche nicht, sondern auch in allen anderen Gemeinschaften von getauften Christen nicht, wie sie auch heißen mögen, Reformirte, Methodisten, Wiedertäufer oder, wie sie sich lieber nennen, Baptisten, d. h. Täufer, Unirt Evangelische u. s. w.**) Alle diese Secten stellen zwar im Gegensatz gegen das Papstthum den Satz auf, daß die Bibel das vom heiligen Geiste eingegebene Wort Gottes und die einzige Regel und Richtschnur für Glauben und Leben sei, aber in den wichtigsten Lehren des Christenthums und in ihrer ganzen Praxis verleugnen sie diesen von ihnen selbst aufgestellten Grundsatz. Die heilige Schrift sagt: „Das ist mein Leib — das ist mein Blut" (Marc. 14, 22—24), ferner: jeder Mensch müsse von neuem geboren werden „aus dem Wasser und Geist" (Joh. 3, 3—5), die Taufe sei ein „Bad der Wiedergeburt und Erneuerung des heiligen Geistes" (Tit. 3, 5); das Wasser „mache auch uns selig in der Taufe" (1. Pet. 3, 20, 21); endlich: „Welchen ihr die Sünden erlasset, denen sind sie erlassen; und welchen ihr sie behaltet, denen sind sie behalten" (Joh. 20, 24): dieses alles aber nehmen jene Secten nicht an; sie verleugnen nämlich alle die wahrhaftige Gegenwart des Leibes und Blutes

---

*) Dieses merkwürdige Dokument hat der später lutherisch gewordene Bischof und päpstliche Nuncius Vergerius veröffentlicht. S. Gerhard's Loc. de Script. Sacra § 110.
**) Die Rationalisten, Unitarier, Swedenborgianer nennen wir hier nicht, denn da sie die heilige Dreieinigkeit leugnen, so sind diese Menschen nicht unter die Christen, sondern zu den Heiden zu rechnen.

Christi im Abendmahl; sie verleugnen alle, daß Menschen Sünden vergeben können. Obgleich die Schrift hierüber so deutlich redet, daß jeder, der sie ernstlich für wahr hält, jene Lehren darin findet, ja wie Sonnen darin leuchten sieht, so stehen doch die angeführten Stellen für alle jene s. g. protestantischen Secten so gut wie nicht in der Bibel. Die Lehren der Bibel von dem heil. Abendmahl, von der heil. Taufe und von der heil. Absolution streiten wider ihre Vernunft, wider ihr Herz und angebliches christliches Gefühl, wider ihre vorgefaßten Meinungen vom wahren Christenthum, darum achten sie in diesen Punkten der Schrift nicht. Weil sie aber den Ruhm haben wollen, daß sie an die ganze Schrift glauben, verwerfen sie jene Stellen zwar nicht geradezu als falsch und unchristlich, aber sie verwerfen sie doch dadurch mit großer Entschiedenheit, daß sie diese Stellen verkehren und verdrehen und ihren offenbaren Sinn verfälschen. Unter den Unirt-Evangelischen giebt es zwar Prediger, welche erklären, daß sie diese Lehre glauben; weil sie aber nichts desto weniger mit denen an einem Joche ziehen und sich zu Einer Kirche verbunden haben und darin bleiben, die jene Lehren als papistische Irrlehren verwerfen, so beweisen sie damit, daß sie an diese Lehren nicht aus Erleuchtung des heil. Geistes von Herzen glauben, sondern nur eine menschliche Ueberzeugung davon haben. Denn glaubten sie von Herzen an jene seligen Geheimnisse der Sacramente und Absolution, so würden sie auch die kirchliche Gemeinschaft mit denen fliehen, welche jene gnadenvolle Geheimnisse verwerfen und verlästern. Dazu kommt aber, daß in allen Secten ohne Ausnahme eben nur Einzelne jene Lehren bekennen, während die Secten selbst sie verleugnen. Es stehet ferner klar geschrieben: „Gott will, daß allen Menschen geholfen werde und zur Erkenntniß der Wahrheit kommen. Denn es ist Ein Gott und Ein Mittler zwischen Gott und den Menschen, nämlich der Mensch Christus JEsus, der sich selbst gegeben hat für alle zur Erlösung, daß solches zu seiner Zeit geprediget würde" (1. Tim. 2, 4—6); die Schrift sagt ferner klar, daß selbst die von Christo erkauft sind, die verdammt werden (2. Pet. 2, 1). Was thun aber alle calvinisch gesinnten Reformirten? Unterwerfen sie sich diesen klaren Worten des großen gnädigen Gottes? Nein; daß Gott alle Menschen selig machen wolle und daß Christus für alle

Menschen gestorben sei, das paßt nicht in ihre sonstige Vorstellung vom Christenthum; daher verkehren, verdrehen, verfälschen, also verwerfen sie jene Worte Gottes. — Hiermit ist nur, so zu sagen, aus dem Gröbsten gezeigt, daß außer der lutherischen Kirche nicht nur die römische, sondern auch alle die sogenannten protestantischen Secten sich dem Worte Gottes nicht unbedingt unterwerfen, sondern von dem klaren Buchstaben der heil. Schrift abgehen, und zwar nicht aus Schwachheit und Versehen, wie auch bei einem rechtgläubigen Christen geschehen kann, sondern mit Vorsatz; denn nachdem diese Secten nun schon in Tausenden von Schriften während mehrerer Jahrhunderte ihres Abgehens von dem Worte Gottes klar überwiesen und darüber gestraft worden sind, haben sie trotz dem ihre falschen Lehren in ihre öffentlichen Glaubensbekenntnisse aufgenommen und sich feierlich verbunden, bei diesen falschen Lehren, als bei rechten Kleinoden der Wahrheit, bis an ihren Tod zu verbleiben, dieselben in der ganzen Christenheit zu verbreiten, sie mit aller Macht zu vertheidigen und die entgegenstehende Wahrheit zu bekämpfen und zu dämpfen.

Da nun Christus zu seinen Gläubigen spricht: „So ihr bleiben werdet an meiner Rede, so seid ihr meine rechten Jünger; und werdet die Wahrheit erkennen, und die Wahrheit wird euch frei machen" (Joh. 8, 31, 32); ferner: „Meine Schafe hören meine Stimme. Einem Fremden aber folgen sie nicht nach" (Joh. 10, 3. 5) — kurz, da Christus selbst daran seine rechte Kirche erkannt haben will, daß sie bei seiner Rede, d. h. bei seinem Worte bleibt und in allem auf seine Stimme hört, so fliehen wir alle Secten, die das nicht thun (obwohl wir nicht zweifeln, daß auch unter ihnen einfältige Kinder Gottes sind, die nur aus Schwachheit irren), und halten uns zu unserer lieben, dem Worte Gottes in allen Stücken treuen, lutherischen Kirche, hangen an ihr fest und wollen ihr, als der rechten Bibelkirche, allein dienen bis an unseren Tod.

Dieser erste Grund umfaßt nun zwar schon alles, was uns an die lutherische Kirche kettet, denn daraus, daß in ihr die rechte Unterwerfung unter das ganze Wort Gottes ist in allen Stücken, folgt mit Nothwendigkeit alles das Gute, was sie sonst hat. Wir können jedoch nicht unterlassen, auch einige von den Vorzügen unserer lutherischen Kirche zu nennen, die sie wegen ihres treuen unbestechlichen Haltens an Gottes Wort nothwendig vor allen anderen Gemeinschaften von getauften Christen voraus hat.

Ein zweiter Grund, warum wir die lutherische Kirche so herzlich lieben, ihr so fest anhangen, und ihr so gerne mit allen unseren geringen Kräften bis zum letzten Todeshauche dienen möchten, ist dieser, **weil die lutherische Kirche das Evangelium im engeren Sinne, das ist die Lehre von der Rechtfertigung, nämlich daß der Mensch aus Gnaden, um Christi willen, ohne des Gesetzes Werke, allein durch den Glauben vor Gott gerecht und selig wird, so rein und lauter, so fröhlich und kräftig, so reich und in ihrer ganzen Fülle vorträgt**, was hingegen nicht etwa nur der römischen Secte, sondern auch den sogenannten protestantischen Secten gänzlich fehlt. Allerdings rühmen sich jener Lehre auch die protestantischen Secten; und es ist nicht zu leugnen, daß fast in allen Lehrbekenntnissen derselben allerdings ein Satz vorkommt, worin diese Lehre ausgesprochen wird. Merkt man aber nur ein wenig darauf, wie in den Secten geprebigt wird und wie man darin verfährt, um die Leute selig zu machen, so sieht man bald, daß die Prediger der Secten jener Lehre nicht trauen, keinen Gebrauch von derselben machen, ja, derselben schnurstracks entgegen predigen und an den Seelen handiren. Der Zweck ihrer Predigten ist offenbar nicht, ihre Zuhörer zum Glauben an das Evangelium zu bringen, als an eine Botschaft von der Begnadigung, die allen Sündern gebracht und von allen geglaubt werden soll. Sie zeigen vielmehr fort und fort große Sorge, die Leute möchten an das Evangelium von der Gnade Gottes in Christo glauben, daher sie sie immer mehr vor dem zu frühen Glauben warnen, als daß sie denselben predigen und dazu auffordern sollten. Sie verklausuliren den Glauben mit so viel Bedingungen, daß nach ihnen nur der anfangen kann zu glauben, der es im Glauben und der Heiligung schon weit gebracht hat, und machen so um den Berg Golgatha ein Gehege, als wäre es der Berg Sinai. Sie predigen das Evangelium nicht als eine frohe Botschaft von Vergebung der Sünden für die Sünder, die diese nur hören, annehmen und glauben sollen, damit sie durch diesen Glauben vor Gott gerecht und selig werden; sondern als eine Anweisung, was der Mensch thun müsse, um in einen Zustand zu kommen, in welchem er Gott gefalle, und in den Himmel kommen könne. Sie predigen Christum nicht als einen, der dem Menschen die Seligkeit erworben hat und nun bringt, anbietet und darreicht, sondern der es nur bei Gott verdient hat, daß, und Unterricht giebt, wie der Mensch sich nun selber, allerdings „mit der Hülfe und Gnade Gottes", aus seinem Elende erretten und selig machen könne. Sie predigen nicht mit dem Apostel Paulus im Ernste: „Gott ist schon versöhnt, nun laßt euch mit Gott versöhnen!" sondern: „Betet, ringet, kämpfet, bis Gott mit euch versöhnt werde!"

Der HErr sagt nach seiner Auferstehung: „Also ist es geschrieben, und also mußte Christus leiden, und auferstehen von den Todten am dritten Tage, und predigen lassen in seinem Namen Buße und Vergebung der Sünden unter allen Völkern." (Luc. 24, 46. 47.) Christus will also nicht nur, daß allen Menschen Buße im engeren Sinne gepredigt, daß ihnen nämlich allen verkündigt werde, daß sie verlorene und verdammte Sünder sind, und daß es anders mit ihnen werden müsse, wenn sie nicht ewig verdammt werden wollen, damit sie in ein heilsames Schrecken und Verzagen an sich fallen; Christus will auch, daß ihnen daneben „Vergebung der Sünden" gepredigt werde, daß ihnen nämlich die Vergebung der Sünden, welche ihnen Christus bereits erworben habe, durch das Wort gebracht, und ihnen allen gesagt werde, der Prediger sei von Gott gesandt, ihnen zu melden, daß Gott mit ihnen durch Christum versöhnt sei, daß sie dies daher nur zu glauben hätten, so sei ihnen damit auf ewig geholfen. Was thun aber die Secten? Sie predigen wohl oft die „Buße" im engeren Sinne und erklären dabei ganz richtig, daß dies von ihnen im Namen des HErrn, an Gottes Statt geschehe, allein die „Vergebung der Sünden", welche das Hauptstück ist, wollen sie den Sündern nicht ebenso im Namen des HErrn, an Gottes Statt predigen. Sie glauben wohl, wenn sie sagen: Thuet Buße! so thue dies Gott durch sie; aber nicht, wenn sie sagen: Euch sind eure Sünden vergeben! Kommen sie auf die Vergebung der Sünden, so wenden sie sich und fordern nun den armen Sünder, nicht etwa nur den sichern und sorglosen*), sondern auch den erschrockenen und sich als einen Verlorenen erkennenden Sünder auf, nun mit Beten und Ringen selbst zuzusehen und es zu versuchen, ob und wie er Gnade und Vergebung der Sünden erlangen möge. Sie wollen ihm daher nicht eher Glauben predigen, als bis er selbst schon Glauben und Trost im Herzen fühlt. Die Secten predigen also wohl Buße im engeren Sinne, aber sie predigen nicht zugleich, wie Christus will, Vergebung der Sünden, sondern allein von Vergebung der Sünden; und so viel auch die Secten von Evangelium, von Christus, von Glauben, von Gnade predigen: ihr Evangelium ist nur ein neues Gesetz, ihr Christus ist nur ein neuer Gesetzgeber, ihr Glaube ein von Menschen errungener Zustand, ihre Gnade nur eine Nothhülfe für Unvollkommenheit. Da die protestantischen Secten die Lehre von der Rechtfertigung meist in klaren Worten in ihren Glaubensbekenntnissen aussprechen, so mag jenes alles wohl manchem unerklärlich vorkommen. Die Sache ist aber sehr leicht erklärlich. Die genannten Secten lehren falsch von der Erlösung, falsch von der Natur des Glaubens, falsch von den Gnadenmitteln, daher können sie nicht anders, sie müssen die reine Lehre von der Rechtfertigung eines armen Sünders vor Gott, wenn sie sie auch erst selbst aufstellen, so oft sie nun die Anwendung machen wollen, wieder verlassen und das gerade Gegentheil davon lehren. Jene Secten lehren nämlich entweder gar nicht oder nicht ernstlich, daß Christus jede einzelne Sünde jedes einzelnen Menschen auf sich genommen, die Strafe dafür getragen und erduldet und sie vollkommen gebüßt, das Gesetz für jeden Menschen erfüllt und also alle von dem Menschen im Gesetz geforderte Gerechtigkeit für ihn ausgewirkt habe, so daß daher alle Menschen mit Gott bereits **vollkommen versöhnt und erlöst** sind und es daher nun nichts mehr bedarf, als daß der Mensch Christi leidenden und thuenden Gehorsam, als wäre es sein eigener, annehme, sich zueigne, mit einem Wort — daß er **glaube**; sie lehren vielmehr, daß Christus durch sein Leiden und Sterben Gott nur in so weit versöhnt habe, daß nun für den Menschen eine Möglichkeit vorhanden sei, wieder zu Gott zurückzukehren, den mit

---

*) Denn was sichere und sorglose Sünder betrifft, die das Gesetz noch nicht getroffen hat, so kann und soll solchen allerdings gesagt werden, Gnade zu suchen.

ihm noch immer unversöhnten Gott zu versöhnen, Gottes Herz durch Beten zu erweichen, ein anderer, ein neuer, ein besserer Mensch und also nur gewissermaßen aus Gnaden selig zu werden. Jene Secten lehren ferner nicht, daß der Glaube, der da vor Gott gerecht und selig macht, ein bloßes Annehmen der Gnade, eine bloße Zuversicht des Herzens auf dieselbe sei; vielmehr sehen sie, was der wahre Herzensglaube wirkt, für sein Wesen an; sie verstehen unter dem Glauben eine gewisse Qualität, gewisse Gefühle und eine gewisse Gesinnung des Herzens; kurz, sie machen aus dem Glauben wieder ein Werk. Endlich lehren sie nicht von Gnadenmitteln, dem Wort und den heiligen Sacramenten, daß Gott mit denselben seine Gnade dem Menschen wirklich vermittele, nämlich mit denselben die Gnade überreiche, so daß der, welcher glaubt, was das Wort und Sacrament sagt, dies damit hat; sie haben gar keine Gnadenmittel, denn ihnen ist ein Gnadenmittel etwas, was ihnen nur verkündigt und sie anweist und ermuntert zu dem, was sie thun und wie sie es anfangen müssen, um Gnade zu erlangen, und was sie etwa in diesem Thun unterstützt. Daher kommt es denn auch, daß die Secten neben das Wort und die Sacramente das Gebet, die Kirche, das Predigtamt als sogenannte Gnadenmittel stellen; gerade wie die Papisten neben die zwei von Christo eingesetzten Sacramente noch mehrere andere von ihnen selbst erfundene setzen. Bei dieser falschen Lehre der Secten von der Erlösung, vom Glauben und von den Gnadenmitteln ist natürlich die reine selige Lehre des Evangeliums, die reine Lehre von der Rechtfertigung eines armen Sünders vor Gott eine Unmöglichkeit. Ja, wird sie einem Sünder gepredigt, so erscheint sie den Secten als ein Gräuel, der den Sünder nur sicher mache. Die wahre Predigt von dem gekreuzigten Christus ist ihnen ein Aergerniß und eine Thorheit.

Diese Predigt findet sich allein rein und lauter in unserer lutherischen Kirche. Diese lehrt erstlich, daß Christus durch sein Leben, Leiden und Sterben alle Sünden aller Menschen getragen und gebüßt und auch, nicht für sich, da er als Sohn Gottes dem Gesetz keinen Gehorsam schuldig war, sondern für den Menschen das Gesetz vollkommen erfüllt, und so Gott vollkommen versöhnt und alle Menschen vollkommen erlöst habe, ja, daß Gott der Vater durch die Auferweckung Christi von den Todten sich schon selbst feierlich für versöhnt und die ganze Welt, das heißt, alle Sünder schon selbst feierlich für erlöst erklärt und freigesprochen habe. Die lutherische Kirche lehrt ferner, daß aber nicht nur allen Menschen bereits Gnade erworben sei, sondern daß Gott auch gewisse Mittel verordnet und eingesetzt habe, durch welche allen Menschen diese Gnade auch verkündigt, angeboten und überreicht werde, und daß diese Mittel eben das Wort und die heiligen Sacramente sind. Die lutherische Kirche lehrt endlich, da also schon allen Menschen durch Christum Gnade, Vergebung der Sünden, Gerechtigkeit und Seligkeit erworben worden ist und Gott diese Güter durch seine Gnadenmittel ihnen kund macht, anbietet und darreicht, so soll und kann nun von Seiten des Menschen nichts weiter geschehen, als daß er das ihm bereits Erworbene und Dargebotene annehme, sich zueigne, sich desselben tröste, mit Einem Worte, daß er an die Verheißungen des Wortes und der Sacramente glaube, so ist ihm geholfen; diesen Glauben fordern aber nicht nur die Gnadenmittel, sondern geben und wirken ihn auch. Aus diesen drei lauteren vollen himmlischen Quellen der Lehre von der vollkommenen Erlösung, von der Kraft der Gnadenmittel und von dem Glauben ergießt sich denn in der lutherischen Kirche der große mächtige Gnadenstrom der reinen Lehre von der Rechtfertigung eines armen Sünders vor Gott in die Herzen aller vom Gesetz erschreckten Zuhörer und besiegelt es, daß diese Kirche das rechte Philadelphia ist, von welchem geschrieben steht: „Du hast mein Wort behalten, und hast meinen Namen nicht verleugnet". Offb. 3, 8. Während alle Secten ihren Ruhm darein setzen, daß sie von den Leuten mehr als andere fordern und sie heilig zu machen suchen, so ist der Ruhm der lutherischen Kirche vielmehr, daß sie die armen Sünder von dem fordernden Gesetz zu dem schenkenden Evangelium weist, ihnen die Gaben Christi bringt und sie aus Gnaden gerecht und selig macht. Während die Secten, wie die falschen Lehrer unter den galatischen Gemeinden, durch ihre strenge Lehre „sich wollen angenehm machen nach dem Fleisch, daß sie nicht mit dem Kreuz Christi verfolgt", sondern für große Heilige angesehen werden, so spricht die lutherische Kirche mit Paulo: „Es sei aber ferne von mir rühmen, denn allein von dem Kreuz unseres HErrn Jesu Christi". (Gal. 6, 12—14.) Sie läßt die Welt sich ihrer Tugend und die Secten sich ihrer Heiligkeit rühmen und sich des Armensünderevangeliums schämen; sie hat sonst keinen Ruhm, keinen Trotz und Trost, als dieses Evangelium. Wenn die Secten die Lehre, daß die Taufe selig mache, daß das heilige Abendmahl der Erlösung theilhaftig mache, daß mit der Absolution die Vergebung der Sünden wirklich ertheilt werde, verwerfen, so geschieht auch dies allein darum, weil sie nicht von Herzen glauben, daß der Mensch wirklich allein aus Gnaden, ohne alle sein eigenes Werk, Thun und Verdienst, allein um Christi willen, allein durch den Glauben vor Gott gerecht und selig werde. Denn glaubten sie das, wie könnten sie dann sagen: „Wie? die Taufe, das Abendmahl, die Absolution sollten so große Dinge thun?" Wer da glaubt, daß der Mensch eben nichts thut und daß Gott alles thut, der kann sich ja unmöglich daran stoßen, daß Gott den Menschen durch Taufe, Abendmahl und Absolution selig mache, denn das alles heißt ja eben nichts anderes, als Gott macht den Menschen nicht durch sein Werk, sondern aus Gnaden selig, indem er ihm nämlich die Seligkeit durch gewisse Mittel anbietet und darreicht, die er dann allein durch den Glauben annehmen kann und soll. Wie nun die Verwerfung der Lehre von Taufe, Abendmahl und Absolution bei den Secten ihren Grund in der Verwerfung der reinen Lehre von der Rechtfertigung, und umgekehrt, hat, so hält die lutherische Kirche im Gegentheil eben darum an der reinen Lehre von Taufe, Abendmahl und Absolution so fest, weil sie die reine Lehre von der Rechtfertigung als den rechten Kern und Stern der ganzen christlichen Offenbarung und als ihr köstliches Kleinod erkannt hat, wie ihr wiederum die Lehre von der Rechtfertigung durch die Lehre von den Gnadenmitteln herrlich bestätigt und gewiß gemacht wird.

Wem freilich das noch nicht klar geworden ist, daß den s. g. protestantischen Secten ebensowohl die reine Lehre von der Rechtfertigung fehlt, wie der römischen Secte, allein mit dem Unterschied, daß die protestantischen Secten den Menschen durch innere Vorgänge, Kämpfe und Eigenwirkungen, und daß die römische Secte den Menschen durch äußere mechanische Mittel vor

Gott gerecht machen will; wem ferner noch nicht klar geworden ist (weil er selbst in Eigenwirken steht), daß gerade der Haupt= vorzug der lutherischen Kirche vor allen Secten in jener reinen Lehre derselben von der Rechtfertigung eines armen Sünders vor Gott besteht, wer hingegen wähnt, in dieser Lehre stimme die lutherische Kirche mit den Secten und diese mit ihr überein, nur habe sie eine andere Lehre von den Sacramenten und von der Person Christi, diese Lehre aber stünde ja in keinem nothwendigen Zusammenhange mit der Lehre von der Rechtfertigung, daher die= selbe eben so rein sein könne, wenn man auch in jenen Punkten nicht mit der lutherischen Kirche stimme: ein solcher muß sich ja freilich wundern, daß wir so fest an der lutherischen Kirche hangen und ihr allein dienen wollen. Wie viele aber giebt es jetzt, welche meinen, was die Lehre von dem heiligen Abendmahl, von der Taufe und von der Absolution betreffe, darüber seien ja freilich die Re= formirten, die Methodisten ꝛc. in einem Irrthum, in einer falschen Schriftauslegung befangen; in der Hauptsache aber, in der Lehre von der Rechtfertigung durch den Glauben, seien sie ja richtig und mit uns Lutheranern einig! Wie viele giebt es jetzt, die noch gar nicht einsehen, daß eben darin die reine Lehre von der Rechtferti= gung allein durch den Glauben besteht: daß die Gnade und Selig= keit schon allen Menschen erworben sei und nun durch das münd= liche, leibliche und sichtbare Wort (Predigt und Sacramente) an= geboten, ausgetheilt und übergeben, und daher natürlich allein da= durch dem Menschen zu eigen werde, daß er dies glaubt! Daher denn das Befremden so vieler in unseren Tagen darüber, daß die Lutheraner durchaus lutherisch bleiben und sich durchaus nicht mit den Andersgläubigen uniren wollen. Sie sehen nicht, daß sich's hier um den Hauptartikel handelt, durch den sich die christliche Re= ligion von allen anderen Religionen in der Welt unterscheidet. Wirst du aber, lieber Leser, hierüber klar werden, so wird dich das feste Hangen aller Lutheraner an ihrer Kirche nicht befremden, sondern du wirst dich allein darüber wundern, daß so viele von ihr abfallen.

Der Mittelpunkt der Lehre unserer lieben lutherischen Kirche, von dem sie bei aller ihrer Lehre ausgeht und zu dem sie immer wieder zurückkehrt, ist, wie wir eben gezeigt haben, die Lehre von der Rechtfertigung eines armes Sünders vor Gott um Christi willen, aus Gnaden, allein durch den Glauben. Manche geben nun zwar zu, daß die lutherische Kirche hierin allerdings einen großen Vorzug vor anderen Gemeinschaften habe, aber, denken sie, dafür werde sie auch wieder von anderen Gemeinschaften in der Lehre von der Heiligung und guten Werken übertroffen. Dem ist aber keineswegs so. Vielmehr gehört die reine Lehre von der Heiligung und den guten Werken nicht weniger als die reine Lehre von der Rechtfertigung zu den Vorzügen, zu den kostbaren Perlen, durch welche sich unsere lutherische Kirche vor allen anderen Gemeinschaften auszeichnet; und auch dieser Vorzug ist ein wichtiger, der dritte Grund, warum wir so fest gerade an dieser Kirche hangen und warum wir bis an unseren Tod derselben allein zu dienen gedenken.

Es ist freilich wahr, sowohl in der römischen, als in den s. g. protestantischen Gemeinschaften wird mehr von der Heiligung und von den guten Werken geredet und darin werden die Leute mehr in das Thun hineingetrieben, als in der lutherischen Kirche, in welcher immer mehr von dem gepredigt wird, was Gott für den Menschen gethan hat, als von dem, was der Mensch für Gott thun soll. Allein, wie derjenige mehr thut, daß ein elender contracter Mensch wieder munter einhergehe, der ihn heilt, als wer ihn immer ermahnt, drängt und treibt, er möge doch von seinem Siechbette aufstehen und frisch umherwandeln; so thut auch unsere liebe lutherische Kirche mehr für die Heiligung, indem sie vor allem die Leute zu einem wahren lebendigen Glauben zu bringen sucht, als die Secten, die es hierin fehlen lassen, aber dagegen die Leute fort und fort drängen und treiben, allerlei gute Werke zu thun. Wie derjenige mehr dafür thut, gute Früchte zu bekommen, wer dafür sorgt, gute Bäume mit guter Wurzel und gutem Saft zu setzen, als der, welcher schlechte Bäume nur sorgfältig umgräbt, düngt und begießt; so treibt auch unsere liebe lutherische Kirche die Heiligung kräftiger, indem sie vor allem darum besorgt ist, die Leute durch den Glauben zur Erkenntniß und Erfahrung der Liebe Gottes in Christo zu bringen, als die Secten, die mehr des Menschen eigene Liebe fordern. Je gewaltiger die Lehre der lutherischen Kirche von dem Glauben ist, um so gewaltiger treibt sie nothwendig auch die Heiligung, denn mit dem Glauben öffnen sie eine lebendige Quelle, die ungeheißen eitel gute Werke quillt und ausströmt.

Es ist nun allerdings nicht zu leugnen, auch die meisten s. g. protestantischen Secten lehren, daß die guten Werke Früchte des Glaubens sind, aber was ist die bloße Aufstellung dieses Satzes, wenn damit nicht Ernst gemacht und die Rechtfertigungslehre der Heiligungslehre nicht zu Grunde gelegt wird, oder wenn doch die Rechtfertigungslehre nicht vorwaltet und die ganze Heiligungslehre durchdringt? Vergeblich sucht man aber dies bei irgend einer Secte; diesen Vorzug hat allein unsere liebe lutherische Kirche. Noch ungleich finsterer, als in den s. g. protestantischen Secten, sieht es freilich in dieser Beziehung in der römischen aus. Die Papisten rühmen sich zwar insonderheit als die Kirche der guten Werke, die allein die wahren Heiligen habe; allein gerade in der römischen Secte ist die christliche Lehre von der Heiligung und den guten Werken so gänzlich und von Grund aus geradezu abgethan, daß darin auch nicht ein Schatten davon zurückgeblieben ist. Sie versteht unter dem Glauben das bloße Fürwahrhalten dessen, was die Kirche lehrt. Nach ihr macht nicht der Glaube die Werke, sondern nach ihr machen die Werke den Glauben gut. Sie treibt wohl stark auf die Werke, aber nicht auf Werke aus dem Glauben, sondern auf Werke neben dem Glauben, da sie die biblische Lehre von der Rechtfertigung allein durch den Glauben als einen Gräuel verflucht. Daher denn ihre Lehre von den guten Werken eine rein heidnische ist. Nach den Papisten machen die guten Werke zu einem guten Manne, nach der Schrift hingegen macht umgekehrt der gute Mann gute Werke. Wie denn Luther so schön schreibt und ihm nach die ganze wahrhaft lutherische Kirche lehrt: „Ein Christ, der, durch den Glauben geweihet, gute Werke thut, wird durch dieselben nicht besser oder mehr geweihet (welches nichts, denn des Glaubens Mehrung, thut) zu einem Christen; ja wenn er nicht zuvor gläubig und ein Christ wäre, so gelten alle seine Werke nichts, sondern wären eitel närrische, verdammliche Sünden. Darum sind diese zwei Sprüche wahr: Gute, fromme Werke machen nimmermehr einen guten, frommen Mann, sondern ein guter, frommer Mann machet gute, fromme Werke. Böse Werke machen nimmermehr

einen bösen Mann, sondern ein böser Mann machet böse Werke.
Also, daß alleweg die Person muß gut und fromm sein vor allen
guten Werken, und gute Werke folgen und ausgehen von der
frommen, guten Person. Gleichwie Christus sagt Matth. 7, 18:
„„Ein böser Baum träget keine guten Früchte; ein guter Baum
träget keine bösen Früchte.““ Nun ist's offenbar, daß die Früchte
tragen nicht den Baum, so wachsen auch die Bäume nicht auf den
Früchten: sondern wiederum die Bäume tragen die Frucht und die
Früchte wachsen auf den Bäumen. Wie nun die Bäume müssen
ehe sein, denn die Früchte; und die Früchte machen nicht die Bäume
weder gut noch böse, sondern die Bäume machen die Früchte: also
muß der Mensch in der Person zuvor fromm oder böse sein, ehe
er gute oder böse Werke thut; und seine Werke machen ihn nicht
(erst) gut oder böse, sondern er machet gute oder böse Werke.
Desgleichen sehen wir in allen Handwerken. Ein gut oder böses
Haus machet keinen guten oder bösen Zimmermann; sondern ein
guter oder böser Zimmermann machet ein böses oder gut Haus.
Kein Werk macht einen Meister, darnach das Werk ist: sondern
wie der Meister ist, darnach ist sein Werk auch. Also sind die
Werke des Menschen auch: wie es mit ihm stehet im Glauben oder
Unglauben, darnach sind seine Werke gut oder böse." (Siehe
Luther's köstlichen geistvollen Sermon „von der Freiheit eines
Christenmenschen". Werke, Hallische Ausgabe, Tom. XIX. 1225. 36.)

Doch unsere liebe lutherische Kirche zeichnet sich vor allen an=
deren religiösen Gemeinschaften auch in Absicht auf die Lehre von
der Heiligung und den guten Werken nicht nur dadurch aus, daß
sie allein die rechte Wurzel derselben zeigt, die rechte Quelle
dazu öffnet und den rechten Grund dazu legt durch ihre reine
Lehre von der Rechtfertigung, die sie in so reicher Fülle predigt;
sie zeichnet sich hierbei auch dadurch aus, daß sie so rein und lau=
ter lehrt, welches denn eigentlich gute Werke sind. Die Papisten
stellen nicht nur neben den zehn Geboten Gottes noch „fünf beson=
dere Gebote" der Kirche auf und machen schon damit eine Menge
falscher neuer guter Werke, wie die Pharisäer Matth. 15, 1—14,
sie lehren auch daneben noch einen ganzen Wust von selbsterwählter
Heiligkeit und selbstgemachten guten Werken, unter und über wel=
chen die wahren von Gott gebotenen guten Werke vergraben und

vergessen werden. Was die s. g. protestantischen Gemeinschaften betrifft, so weichen dieselben zwar nicht so augenfällig, wie die römische, in Absicht darauf, was eigentlich gute Werke sind, von der reinen Lehre ab; allein auch in Absicht auf diesen Punkt offenbart sich bei ihnen eine große Ungesundheit. Bei ihrem gesetzlichen Treiben auf Heiligung erscheinen fast **nur die Uebungen der Gottseligkeit und die Werke zur Verbreitung des Reiches Gottes als gute Werke und nur der als ein Christ, der hierin eine große Geschäftigkeit zeigt;** während die wichtigsten und nächsten guten Werke eines Christen, die im Glauben gethanen Werke des täglichen Berufes, als geringe und werthlose, unheilige bei ihnen erscheinen. Daher denn bei den Secten u. A. die Bekehrsucht oder eigene Bekehrung, das Predigen ohne Beruf, das Sorgen um Andere bei Verwahrlosung der Seinigen u. dergl. kommt. Uebrigens offenbart schon die falsche Lehre der Secten von den Bildern*), von dem Sabbath, von den Mitteldingen ꝛc., daß dieselben kein rechtes Verständniß vom Gesetz und somit auch nicht von den wahren guten Werken haben. Ganz anders unsere liebe lutherische Kirche. Hat sie den Menschen zum Glauben gebracht und so in ihm die Quelle der wahrhaft guten Werke eröffnet, so treibt sie ihn dann nicht in eine „selbsterwählte Geistlichkeit und Demuth" hinein, sondern zeigt ihm, wie er nun in dem Stand und Berufe, darein ihn Gott gesetzt, alle Treue zu erzeigen habe und daß kein Werk Gott gefalle, als was er dem Menschen geboten habe, daß aber jedes von Gott gebotene Werk, so es im Glauben gethan werde, Gott wohlgefällig, groß, herrlich und köstlich sei, möge es auch noch so geringen Ansehens sein vor dem Menschen. Wie denn u. A. Luther in der Kirchenpostille schreibt: „Es ist Gott nicht um die Werke zu thun, sondern um den Gehorsam, wie das Buch 1. Sam. 15, 22 sagt: Gott will nicht Opfer, sondern Gehorsam haben. Daher kömmt's, daß eine fromme Magd, so sie in ihrem Befehl hingehet und nach ihrem Amt den Hof kehret oder Mist austrägt, oder ein Knecht in gleicher Wei-

---

*) Die reformirten Secten glauben nämlich alle, daß das Bilderverbot nicht zum ersten Gebot gehört, welches die Abgötterei straft, sondern ein besonderes zweites Gebot sei, in welchem auch der nicht abgöttische Gebrauch der Bilder verboten werde.

nung pflüget und fähret, stracks zu gen Himmel gehet auf der richtigen Straße, bieweil ein anderer zu St. Jakob oder zur Kirchen gehet, sein Amt und Werk liegen läßt, stracks zu der Höllen gehet. Darum müssen wir die Augen zuthun, nicht die Werke ansehen, ob sie groß, klein, ehrlich (Ehre bringend), verächtlich, geistlich, leiblich oder was sie auch für ein Ansehen und Namen auf Erden haben mögen; sondern auf den Befehl und Gehorsam, der darinnen ist; gehet derselbige, so ist das Werk auch recht köstlich und ganz göttlich, ob's so geringe wäre, als ein Strohhalm aufheben. Gehet aber der Gehorsam oder Befehl nicht, so ist das Werk auch nicht recht und verdammlich, gewißlich des Teufels eigen, ob's gleich so groß wäre, als Todten aufwecken." (Ueber das Evangel. am St. Joh.-Tage.) So schreibt Luther ferner: „St. Paulus, wenn er von christlichen Werken will lehren, weiß er nichts zu sagen, denn wie der Mann seines Weibes und Kinder warten soll, Ephes. 5, 25. 6, 4. Col. 3, 19, das Weib den Mann fürchten und in Ehren halten und Kinder ziehen, 1. Tim. 2, 12, der Knecht dem Herrn gehorsam sein, Ephes. 5, 6 ff., die Kinder den Eltern, Ephes. 6, 1—3; noch (dennoch) gehen wir mit anderen Werken um. Die großen Apostel wußten nichts besseres zu predigen; sollten sie aber jetzt schreiben, müßten sie vorhin noch eine Weile studiren auf den hohen Schulen und viel Geld geben, daß sie Doctores würden." (Kleinere Auslegung vom 1. Mos. 29, 1—8.)

3. Endlich zeigt aber unsere liebe lutherische Kirche auch allein die wahre Bedeutung und den rechten Werth der guten Werke. Sie erklärt dieselben für nöthig um des göttlichen, ewig gültigen, unwiderruflichen Gebotes und Willens Gottes und um der nie aufhörenden menschlichen Pflicht und Schuldigkeit willen, und, weil sie dem wahren lebendigen Glauben nothwendig folgen. Sie lehrt ferner, daß alle wahrhaft guten Werke, auch die scheinbar geringsten, eine große Bedeutung haben werden, aber sie zeigt zugleich, daß diese Belohnung nur ein Gnadenlohn um Christi willen sei, da der Mensch eben nur seine Schuldigkeit thue und da auch die besten Werke noch mit Sünden befleckt seien und daher ohne Christo nur verdammlich und verwerflich wären. Endlich bezeugt sie, die reine Lehre von der Rechtfertigung und Seligkeit aus Gnaden allein durch den Glauben festhaltend, daß die Werke wohl

nöthig seien, aber nicht nöthig zur Seligkeit genannt werden können. Wie ernstlich in unserer Kirche u. A. auch von der Nothwendigkeit der Heiligung und guten Werke gepredigt werde, dies zu belegen, erinnern wir nur an Eine Stelle aus Luther's Schrift von der Kirche, worin er folgendermaßen schreibt: "Solcher Christus ist nichts und nirgends, der für solche Sünder gestorben sei, die nicht nach Vergebung der Sünden von den Sünden lassen und ein neues Leben führen. Wer nun nicht aufhört von Sünden, sondern bleibt im vorigen bösen Wesen, der muß einen anderen Christum von den Antinomern (Gesetzesstürmern) haben. Der rechte Christus ist nicht da, und wenn alle Engel schreien eitel Christus! Christus! und muß mit seinem neuen Christus verdammt werden" (Opp. Tom. XVI., 2741, 42). Auch dieser Punkt, aber von der wahren Bedeutung der Heiligung und guten Werke, findet sich rein, wie gesagt, allein in der lutherischen Kirche. Wie unbiblisch auch hierüber die römische Secte lehre (die den Werken selbst das Verdienst der Seligkeit zuschreibt und sogar behauptet, daß Menschen selbst mehr gute Werke thun können und wirklich gethan haben, als Gott fordert!) dies bedarf keines Beweises. Was aber die sog. protestantischen Secten betrifft, da bei denselben die Lehre von der Rechtfertigung nicht rein und richtig getrieben wird, so kann bei ihnen auch die Lehre von der wahren Bedeutung der Heiligung und guten Werke eben so wenig rein und richtig sein. Daher denn auch die meisten ausdrücklich lehren, daß die Werke zur Seligkeit nothwendig seien, und die Verwerfung dieser Lehre als etwas höchst Gefährliches und Schädliches verabscheuen.

Summa: wir bleiben bei unserer lieben lutherischen Kirche, die auch von der Heiligung und den guten Werken allein rein und richtig lehrt.

Die ferneren Gründe, welche uns bewegen, so fest an unserer lutherischen Kirche zu hangen und warum wir allein dieser Kirche auch in Zukunft unsere geringen Kräfte widmen wollen, sind außer den bereits genannten in der Kürze hauptsächlich folgende:

4. Weil unsere liebe lutherische Kirche so ernstlich lehrt, daß Gott wolle, daß alle Menschen selig werden, daher bei ihrer Lehre kein trostbedürftiger Sünder zur Verzweiflung getrieben wird, auch der tiefgefallenste nicht.

5. Weil sie allen Sündern nicht nur Gnade predigt, sondern auch zeigt, wie ein jeder, der nicht muthwillig widerstrebt, seines Gnadenstandes und seiner Seligkeit gewiß werden kann.

6. Weil sie **nicht einseitig** ist im Vortrag der Lehre, keine Lehre des göttlichen Wortes verschweigt oder auf Kosten einer Lieblingslehre vernachläßigt, sondern jede in Gottes Wort geoffen= barte Lehre für ein theures Kleinod und herrlichen Schatz achtet, von jeder glaubt, daß sie Kräfte des ewigen Lebens in sich trage, jede treibt, von dem Mittelpunkte der Rechtfertigungslehre aus einer jeden ihren rechten Platz anweist; kurz, weil sie mit Paulo „nichts verhält, das da nützlich ist", sondern treu und unbestechlich „alle den Rath Gottes" zu der Menschen Seligkeit verkündigt. Apostg. 20, 20. 27.

7. Weil sie allein sich so tief in das „kündlich große gottselige Geheimniß: **Gott ist geoffenbaret im Fleisch**", versenkt hat, und während sie es mit den Engeln gelüstet, darein zu schauen, doch so treu und demüthig in den Schranken des göttlichen Wortes bleibt (1. Tim. 3, 16; 1. Petr. 1. 12), die Herrlichkeit der gott= menschlichen Person Christi so tief aus Gottes Wort erkennt, so demüthig bewundert und so klar und glaubensvoll predigt und bekennt.

8. Weil sie allein im wahren Sinne des Wortes **kirchlich** ist, der alten rechtgläubigen Kirche sich anschließt, ihre Bekenntnisse zu den ihrigen macht, die von derselben verdammten Ketzereien mit verdammt, die mit Gottes Wort im Einklange stehenden heilsamen Ordnungen und Einrichtungen derselben behält, die Zeugnisse der= selben für die reine Lehre hoch achtet und sich vor Carlstadtischer Neuerungs= und Reformirsucht treulich hütet.

9. Weil sie allein völlig **frei von Schwärmerei und Gei= sterei** ist und daher nicht nur die Gnadenmittel so hoch stellt, sondern sich auch ihre lieblichen Ceremonien, ihren Kirchenschmuck und der= gleichen nicht zur Sünde machen noch nehmen läßt, Künste und Wissenschaften als theure Gaben Gottes hochachtet und bei allem, was sie unternehmen will, auf den Beruf dazu sieht.

10. Weil sie allein **nichts sectirerisches** hat, indem ihre reine Lehre von der Kirche sie davor bewahrt, die Lehre nämlich, daß die Kirche, außer welcher kein Heil ist, die **unsichtbare** über

die ganze Erde zerstreute Gemeinde aller von Herzen an Christum Glaubenden sei.

11. Weil sie bei ihrer Lehre von der unsichtbaren, allgemeinen Kirche nicht weder kalt noch warm, d. i. lau ist, sondern dabei doch so streng bei der ihr vertrauten reinen Lehre hält, zwar die aus Schwachheit irrenden Personen nicht verdammt, aber jede den Glauben umstoßende oder verkehrende Irrlehre ohne Ansehen der Personen verdammt als ein tödtliches Seelengift und als einen an Gottes höchstem Heiligthum begangenen Raub, und von keiner äußerlichen Union ohne Einigkeit in der Lehre, von keiner Religions- und Kirchenmengerei etwas wissen will.

12. Weil sie so ehrlich und aufrichtig ist, keine Kirchenpolitik beobachtet, keine krummen Wege geht, sich auszubreiten, zu diesem Zwecke sich und ihren Glauben nicht verleugnet, immer geradezu geht, eingedenk dessen, daß sie nur die Lehre zu bewahren und zu bekennen, Gott aber die Regierung und Erhaltung der Kirche zu überlassen hat.

13. Weil sie die Chiliasterei so entschieden verwirft und dadurch allen müssigen Grübeleien des hoffärtigen und lüsternen Menschenherzens in den prophetischen Schriften die Wurzel abschneidet, die Lehre von der Kirche als einem Kreuzreich festhält, von dem, das auf Erden ist, hinweg und auf das, was droben ist, allein hinweist und allen Hoffnungen auf einen Antheil des Fleisches an Christi Reich ein Ende macht.

14. Weil sie nichts Pfäffisches und Hierarchisches hat, vielmehr dem Amte seine rechte Stellung anweist, ihm eben so seine göttliche Würde giebt, als alles Willkürregiment abspricht, den Christen aber eben so in seiner Unterordnung unter das Amt, wie in seiner Freiheit und Herrlichkeit darstellt als einen königlichen Priester und alle Menschenknechtschaft, alle Gewissensherrschaft, allen blinden Gehorsam gegen Menschen in der Kirche verwirft und verdammt.

15. Weil sie so ernstlich auf die christliche Freiheit hält, nichts zur Sünde macht, was Gott in seinem Wort nicht dazu macht, und weil sie nichts desto weniger so streng hält auf gute auch menschliche Ordnung und daher lehrt, daß der Christ zwar

mit seinem Glauben und Gewissen aller freien Dinge Herr, aber mit seiner Liebe aller Menschen Knecht sei.

16. Weil sie von der Obrigkeit und den weltlichen Ständen, sowie von der Kirchenverfassung lehrt, daß sie unter allen Staatsverfassungen wohl bestehen kann, nirgends Aufruhr und Verwirrung anrichtet und unter allen Verhältnissen ihren Segen verbreiten kann.

17. Weil sie so vollständige, reine, köstliche Bekenntnißschriften hat, in welchen ihre Lehre so klar und bestimmt summarisch dargestellt und vor aller Welt bekannt ist und auf die sie alle ihre Diener zur unbedingten Annahme heilig verpflichtet.

Wohl könnte noch ein großes Register von Vorzügen unserer lieben lutherischen Kirche vor allen anderen Gemeinschaften aufgeführt werden, wir haben aber mit den genannten gerade diejenigen namhaft machen wollen, die einen besonders tiefen Eindruck auf unser Herz und Gewissen je und je gemacht haben und noch immer äußern und die uns an diese Kirche unzertrennlich binden, so lieb uns unsere Seligkeit ist. Und weil wir eben lediglich unserer Erfahrung folgen und nur ein Bekenntniß unseres Glaubens ablegen wollten, so haben wir auch, was uns unsere Kirche so lieb macht, nicht in der Form eines planmäßig aufgeführten Gebäudes zusammenstellen wollen.

Wir schließen mit dem inbrünstigen Gebete zu Gott, daß Er selbst uns bei unserer lieben lutherischen Kirche und ihrer reinen Lehre durch die Gabe seines heiligen Geistes bis an unser Ende erhalten und uns die Gnade schenken wolle, auch durch Herausgabe dieses Schriftchens etwas dazu beizutragen, daß diejenigen, die es lesen, bei unserer Kirche und ihrer reinen Lehre erhalten oder derselben zugeführt, vor Irrthum und Verführung bewahrt und vor Allem also auf Christum erbaut werden, daß sie als rechtschaffene Christen recht glauben, gottselig leben, geduldig leiden und endlich selig sterben. Amen!

www.ingramcontent.com/pod-product-compliance
Lightning Source LLC
Chambersburg PA
CBHW030711110426
42739CB00031B/1800